怒らない

幸せな人生のために

葉 祥明

日本標準

怒らない。
怒ったら、
大切なその日と人生が、
台無しになる…

もくじ

I

「怒り」とは何か

人は、どんな時、
怒るだろう？

期待が裏切られた時、
そうあるべきと思っていたのに
そうでなかった時、
落胆と同時に
怒りがこみあげる。

怒りは、
様々なものに
向けられる。

世の中に対しても、
不正や不公平、差別や抑圧、
冷淡さや心ない仕打ちにも、
人は怒る。

失礼や無礼、あざけりに対して、
いじめや暴力に対して、
生き物に対しての非道な行為にも、
人は怒りをおぼえる。

この世に、
怒りの種は尽きない。

他人の失敗にも腹が立つ。
他の人のいい加減さや
無責任にも我慢ができない。

そうあってほしいのに
そうでない。
そうあってはならないのに
そうなった。

拒絶されたり否定されたり、
抑えつけられたりした時も、
人は怒る。

自分の愚かさや至らなさにも
怒りを感じる。

人は、
怒りに我を忘れる。
怒りは正気を失わせ、
怒った方も
怒りを向けられた方も
ぎこちなくなる。

互いにとって、
怒りは心の傷となり、
その苦しみは、終生、
忘れられることはない。

自分を怒らせたのは
相手か出来事か。

自分自身の
体調不良や疲れが
心の余裕を失わせ、
いらつきと焦りが最終的に
怒りとなることも多い。

怒ったら
その後が大変。

怒りが鎮まるのに
時間がかかる。
その間、心は穏やかでない。

怒りは
自己主張でもある。

しかし、
主張することと
怒ることは別のもの。

問題の解決には、
冷静さと
互いに対する信頼が必要。

怒ったら
物事はスムーズに
いかなくなる。

相手も自分も
不快になる。
怒ってせいせいするのは
一瞬だけ。

怒りは問題解決に
役立たない。
むしろ、状況を
悪くする。

怒りは、怒りを誘発し、
思いもかけない
事態を引き起こす。

怒りは、
容易に暴力につながる。
暴力は憎しみに、
憎しみは恨みへと
果てしなく広がる。

人が克服すべき
最大の課題のひとつが
怒りだ！
怒らない、怒らない、と
自分に言い聞かせよう。

そして
怒りを向けられたら
どんな気持ちがするか
考えよう。

怒りは
必要か不要か？
怒りは物事を
解決させるかどうか？

怒りは、
確かに問題をあぶりだす。
しかし、そのあとが問題だ。
振り上げたこぶしは
どこへ向かう？
いつ下ろせばいい？

怒ってばかりじゃ
この日々が
つまらなくはないか。
せっかくこの世に
生まれてきたのに、
もったいないとは
思わないか。

人は、怒った後、
しばしば後悔する。
言わなきゃよかった、
しなきゃよかった、と。

怒る人は、
勝つか負けるか、
どちらが正しいかの
闘争の世界に住んでいる。

人や物事、社会や世界を
すべて敵とみなし、
怒ることで
自分が優位に立とうとする。

怒る人は、
怒りの原因を
世の中や誰かのせいにするけれど、
それは単なるきっかけにすぎない。

「怒り」は、もともと
その人の中にあって
爆発する機会を
求めていたのだ。

怒る人は、
常に
そのはけ口を
求めている。

怒る人は
苦しむ人でもある。
苦しいから怒る。
怒ることで
自分の苦しみを
人に知ってもらいたいと。

生まれつきの怒りっぽさは
前世からの持ち越しだ。
それはそのまま、その人の
今回の人生の課題となる。
すなわち怒りの克服が。

人のやることには
間違いはつきもの。
だから互いに、
率直に間違いを認め、
許しあおう。

忍耐力と冷静さを
兼ね備えていれば、
怒る必要がない。
問題をどう解決するか。
それだけのことにすぎない。

怒らないで
理性を働かせる。
心のゆとりが
理性を生む。

相手が失敗しても
怒らないで
相手の気持ちを
思いやる。

人生で培《つちか》った、
智恵と
人間理解があれば
人も許せるし
自分も許せる。

II

怒らない生き方

この世に、
怒らない人などいるだろうか。
この世界で、
怒らずに生きていくことなんて
できるだろうか。

怒らないようにするには、
どうしたらいいか。
怒りが湧き起こったら
どうしたらいいか。

人は、
怒るために
この世に生まれてきたのではない。
喜びと楽しみと
何らかの課題をもって
この世にやってきた。

怒ってばかりいると
人生が
変な方向へ行ってしまう。
怒りの世界にはまって
抜け出せなくなる。

相手が怒った時、
とるべき態度が
いくつかある。

自分も怒る。
恐れる。おののく。
すばやく逃げる。平然とする。
あるいは、そっと離れる。
近づかない。
憐れむ。
どうするかは、あなた次第だ。

大切なのは、
他人の怒りに巻き込まれないこと。
相手がどんなに怒っても
動揺しない。

事態を冷静に把握して
正しく行動する。
正論には
だれも抗《あらが》えない。

相手が怒っても
自分は怒らない。
人が怒るには理由がある。
それを知る方が大切。

理由がわかったら、
的確に対処できる。
すると相手の怒りも鎮まり、
むしろ感謝される。

怒った方が
勝ち？
怒った方が
得？

それは、表面的な見方で、
本当のところは
怒ったら負け！
怒ったら損！

世の中に対して
怒ってばかりいても
問題の真の解決にはならない。

どうしたら
怒らないでいられるか。

怒りが
ふつふつと湧いてきたら、
怒っている自分を
黙って観察しよう。
そうすると
冷静さが戻ってくる。

怒らない。
怒ったら、
周りが見えなくなる。
自分の見苦しさにも
気づかなくなる。

どんな問題であれ
穏やかに話し合えば
なんとかなる。
怒る必要などない。

怒らないで
おおらかに生きよう！
怒る人でなく
寛大な人になろう！
怒らない生き方を
身につけよう。

怒りのスイッチが
入りそうになったら、
大きく息を吸って
深呼吸をする。

すると、
怒りのスイッチが
オフになる。

怒らない。
怒る代わりに、
笑う。

笑い飛ばす！
笑えばその場が
和やかになる。

怒ってばかりいると
癖になる。
怒り癖を直すために
微笑もう。

微笑めば
心が穏やかになり
優しさの輪が広がり
人々も寄ってくる。

人は誰しも
ミスをするし、
間違いも犯す。
だから、ささいなことで
怒ったり責めたりは
しないことだ。

相手を思いやりながら、
優雅に、時には
ユーモアを交えて
注意をすればよい。

怒らないためには
相手や物事に
過大に期待しない。
依存もしない。

むしろ、相手が失敗したら
さりげなくサポートしてあげる。
怒るより、
問題解決が優先だから。

怒りは、抑えきれないほどの
激しい感情だ。
しかし、長くは続かない。
瞬間か、せいぜい数分。
あとは怒りの名残りにすぎない。

怒りは役目を終えて
すでに去った。
大切なのはその後だ。
ぎこちなさ、ばつの悪さ、
申し訳なさ。

腹が立ったら
外へ出よう。
青空を見上げ
白い雲を見つめよう。

すると、
頭の中のもやもやが消え、
心が落ち着いてくる。
気がつくと
怒りはどこかへ行ってしまった。
大空の下では
人の怒りなど、とるに足りない。

怒らないで
理解しよう！
どんな問題であれ
理解すれば
解決への道も拓ける。

それこそが
人間の智恵というものだ。
それが、
成熟した人間のあり方だ。

怒る代わりに
陽気さや寛大さを
身につけ、
物事や人生を
もっと楽天的に見よう。

怒るより
自分の人生や
世界や人々を
もっと信頼しよう。

怒りたくなっても
怒らない。
相手が怒っても
怒らない。

こちらが怒らないでいると
相手は一人で怒る。
そのうち、怒りの炎は
燃え尽きてしまう。

怒りを感じたら
こう考えよう。
怒っているのは
だれだろう?
自分はなぜ、怒っているのか、と。

そうすれば、
怒りから離れることができる。
そして怒りは
真理探究という
素晴らしく知的なものに
変化する。

今日一日、
怒らないようにしよう。
人と会うときは
笑顔で接しよう。
その方が
気分がよい。

怒らないって、
素晴らしいことだ。
怒らないで済むのは
素敵なことだ。

怒らないで
冷静さを保つ。
自制心を
働かせる。

その方が結果的に
物事がうまくいく。
人からも愛され
信頼され
良い人生が送れる。

幸せな人は怒らない。
怒る必要がない。
人と争う
必要だってない。

幸せな人は心穏やかで寛大だ。
人の怒りも
柔らかく受け止められる。

怒ってばかりいると
幸せになれない。
幸せになりたかったら、
怒らないことだ。

怒りの種を探すより
幸せの種を探そう。
その方が
豊かな人生が送れる。

怒らない。怒らない。
怒らないで
幸せになろう。
幸せな人になろう。

怒らない生き方とは
幸せな人生のことだ。

怒らない生き方は、
赦《ゆる》す生き方だ。
怒る代わりに
赦そう。

ミスした人を
赦そう。
自分を苦しめた人、
自分を傷つけた人を
赦そう。

自分に対して怒った人も
赦してあげよう。
むしろ、気づかなかったことを
教えてくれたことに感謝しよう。

赦すのは、
相手のためだけではない。
赦すことで、
自分も救われる。

怒り続けるより、
赦した方が
気が楽になる。
お互いさま、と
支え合おう。

赦そう。何度でも。
あなたには、敵はいない。
この世の誰も、
あなたの敵ではない。

敵視しなければ、
すべての人が友人だ。
自分が大切なように、
すべての人が
大切な存在なのだ。

人と人は
怒ったり怒られたりではなく、
助け合い、協力し合い、
共に生きる仲間なのだ。

すべての人が
いずれはこの世を去る。
すべての出来事も
去っていく。

次の世へは、怒りや恨みではなく、
歓びや、優しいふれあいという、
美しい思い出だけを持っていこう。

そうすれば、次の人生を
健《すこ》やかに生きることができる。

あとがき

「怒り」は生存本能のひとつの顕れではあるが、もとはと言えば「喜び」や「感動」と同じ生命エネルギーに他ならない。生命エネルギーとは、人が「生きている」ということの根本の力だ。

しかし、「怒り」は暴力や戦争という形で時に破壊的に働く。せっかくのエネルギーを「怒り」として放出するのはもったいない。人は皆、共に生き、死ぬ者なのだから、大切ないのちのエネルギーを有意義に、創造的に使おう。互いの人生を豊かにすることに使おう。

そのために、「怒り」というものの本質を知り、理性と平安なる心によって制御することをおぼえよう。

あなたの心が平和でありますように…

葉 祥明

葉 祥明　よう・しょうめい

詩人・画家・絵本作家
1946年熊本生まれ。
「生命」「平和」など、人間の心を含めた
地球上のさまざまな問題をテーマに
創作活動を続けている。
1990年『風とひょう』で、
ボローニャ国際児童図書展グラフィック賞受賞。
主な作品に、
『地雷ではなく花をください』シリーズ（自由国民社）、
『おなかの赤ちゃんとお話ししようよ』（サンマーク出版）、
『17歳に贈る人生哲学』（PHP研究所）、
『ことばの花束』シリーズ、
『無理しない』『気にしない』『急がない』『比べない』
『いのち あきらめない』『しあわせの法則』
『幸せに生きる100の智恵』（日本標準）ほか多数。

＊ http://www.yohshomei.com/
＊北鎌倉・葉祥明美術館 Tel:0467-24-4860
＊葉祥明阿蘇高原絵本美術館（熊本）Tel:0967-67-2719

怒らない　幸せな人生のために

2015年9月10日　初版第1刷発行

著者：葉 祥明
造本・装丁：水崎真奈美（BOTANICA）

発行者：伊藤 潔
発行所：株式会社 日本標準
〒167-0052　東京都杉並区南荻窪3-31-18
Tel 03-3334-2630（編集）　042-984-1425（営業）
http://www.nipponhyojun.co.jp/

印刷・製本：株式会社リーブルテック

ISBN978-4-8208-0589-2
Printed in Japan

日本標準・葉 祥明の本

ことばの花束
ISBN978-4-8208-0063-7［2003］B6 変型 /32 頁 / 本体 1000 円

ことばの花束Ⅱ
ISBN978-4-8208-0064-4［2003］B6 変型 /32 頁 / 本体 1000 円

ことばの花束Ⅲ
ISBN978-4-8208-0065-1［2003］B6 変型 /32 頁 / 本体 1000 円

しあわせことばのレシピ
ISBN978-4-8208-0259-4［2005］A5 変型 /56 頁 / 本体 1400 円

しあわせ家族の魔法の言葉
ISBN978-4-8208-0301-0［2007］A5 / 56 頁 / 本体 1400 円

奇跡を起こすふれあい言葉
ISBN978-4-8208-0314-0［2008］A5 変型 /56 頁 / 本体 1400 円

しあわせの法則
ISBN978-4-8208-0531-1［2011］四六変型 /128 頁 / 本体 1500 円

幸せに生きる 100 の智恵
ISBN978-4-8208-0578-6［2014］四六 /216 頁 / 本体 1500 円